Enrique del Cerro Calderón

# Análisis comparativo de cuatro ediciones críticas del "Bellum Gallicum" de César

GRIN Verlag

**Bibliografische Information der Deutschen Nationalbibliothek:**

Die Deutsche Bibliothek verzeichnet diese Publikation in der Deutschen National-
bibliografie; detaillierte bibliografische Daten sind im Internet über http://dnb.d-
nb.de/ abrufbar.

**Imprint:**

Copyright © 2011 GRIN Verlag GmbH
Druck und Bindung: Books on Demand GmbH, Norderstedt Germany
ISBN: 978-3-656-31453-0

**This book at GRIN:**

http://www.grin.com/es/e-book/199782/analisis-comparativo-de-cuatro-ediciones-
criticas-del-bellum-gallicum

# Análisis comparativo de cuatro ediciones críticas del *Bellum Gallicum* de César

Enrique del Cerro Calderón

"Crítica textual y edición crítica de textos griegos y latinos"

Máster en el mundo clásico y su proyección en la cultura occidental

Curso 2010-2011

## I- Introducción:

El presente trabajo pretende, mediante el análisis comparativo de cuatro ediciones críticas de un mismo texto (*De Bello Gallico* de César en este caso), establecer básicamente cuáles han sido los criterios fundamentales para la conformación de cada una de ellas. Las cuatro ediciones en cuestión son las de R. Du Pontet (1901), A. Klotz (1927), L. A. Constans (1972) y W. Hering (1987) que aparecen citadas en la bibliografía.

Para la elaboración del trabajo hemos tenido en cuenta los datos que los cuatro editores ofrecen en los prefacios de cada edición y analizado el aparato crítico y la selección de variantes que presenta cada una en lo que se refiere a los diez primeros párrafos del libro I del *Bellum Gallicum*.

En primer lugar, hemos comparado las distintas referencias que cada editor hace en el prefacio de su edición sobre crítica textual para, a continuación, centrarnos en los criterios formales de elaboración de cada una de las ediciones. En segundo lugar, hemos analizado la selección de variantes que lleva a cabo cada editor centrándonos principalmente en diez lugares con divergencia de lecturas en el aparato crítico, intentando explicar los criterios de selección que establece cada editor. Por último, hemos valorado cada una de las ediciones en función de lo visto anteriormente.

## II- Referencias sobre crítica textual en cada edición:

Antes de comenzar, hemos de notar que las ediciones de Du Pontet, Klotz y Hering cuentan con el tradicional prefacio escrito en latín frente a la de Constans que lo lleva en francés por tratarse de una edición bilingüe francés/latín. Nos referimos, en este apartado a las distintas ediciones siguiendo un orden estrictamente cronológico para así ir observando en qué avanza una con respecto a la anterior.

a) La edición de Du Pontet:

La edición de Du Pontet es la más antigua de las cuatro. Sus características principales son la brevedad y la concisión. No ofrece una historia del texto sino que se limita a mencionar los manuscritos que ha utilizado para su edición y el por qué de esa elección. Siguiendo a Nipperdey, establece la división de los manuscritos en dos grandes clases, α y β. Al igual que éste, considera *integri* a los de la clase α e *interpolati* a los de la clase β y, por ello, considera superiores a los manuscritos de la clase α sobre los de la clase β.

Para llevar a cabo su edición le bastan seis códices, que él considera los mejores:
- Cuatro códices pertenecientes a la clase α:

A= codex Amstelodamensis 81, ss. IX, X (*Bongarsianus*)

B= codex Paris. Lat. 5763 s. IX (*Parisinus*)

M= codex Paris. Lat. 5056 s. XI (*Moysiacensis*)

R= codex Romanus Vaticanus 3864 s. X (*Corbeiensis*)

De ellos A y M pertenecerían a una misma familia y B y R a una segunda, todos dentro de la clase α.

Dos códices de la clase β:

T= codex Paris. Lat. 5764 s. XI (*Thuaneus*)

U= codex Vaticanus 3324 s.XII (*Ursianus*)

Señala como característica principal de todos ellos que ninguno ha sido transcrito de otro. Según él los más valiosos son los de la clase α que además son más antiguos, lo cual es un valor siguiendo los postulados de Lachmann.

No obstante, añade otra lista de códices que considera dependientes de los anteriores (*codices descripti*) pero que utiliza en algunos casos. Los mencionamos aquí puesto que otros editores trabajan también con algunos de ellos.

C= codex Paris. Lat. 6842 s. X (códice tipo B)

D= codex Laurentianus Ashburnhamianus 33 s. X (contaminado)

G= codex Gottorpiensis (derivado de R)

J= codex Paris. Lat. 6106 (*Iadrensis*)

a= codex Paris. Lat. 5766 s. XIII (similar a A)

b= codex Leidensis Vossianus Q 53 s. XI (*Vossianus*) (derivado de B)

λ= codex Leidensis 38 D s. XII (*Leidensis*)

Su propuesta de stemma es la siguiente:

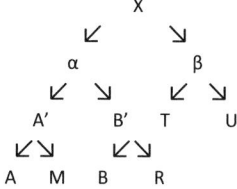

Remonta el texto a un arquetipo (X) del que derivan dos clases (α y β) que son, a la vez subarquetipos. De la clase α derivan dos familias A' y B' cuyos testimonios no poseemos. El testimonio de A' se puede reconstruir a partir de A y M y el de B' a partir de B y R. De β derivan directamente los manuscritos T y U.

En lo que a crítica textual se refiere, nos parece importante la aclaración que hace en el penúltimo párrafo, donde ofrece al lector un texto corregido con los mejores códices. En lo que a variantes se refiere, señala solamente aquéllas que atañan en algo a la interpretación del texto. No pretende ofrecer un aparato crítico exhaustivo y, por tanto, si algún lector está interesado, remite a la obra de Holder para la clase α y a la de Meusel para la β.

Como consecuencia de esto, el aparato crítico que presenta su edición es negativo y bastante selectivo comparado con el que dan los otros editores, como veremos al hablar de la selección de variantes. Se limita a señalar divergencias en los mss. (fundamentalmente en lo que se refiere a topónimos y antropónimos) sin indicar la procedencia de la lectura que escoge sino sólo señalando la variante en cuestión y el códice en el que la podemos encontrar.

b) La edición de Klotz:

El prefacio es bastante más extenso que el de Du Pontet (el más extenso de todos). Al igual que el anterior, nos ofrece en primer lugar los manuscritos utilizados para la edición. Considera los mismos que Du Pontet cambiando la sigla del *Moysiacensis* por Q (antes M) y del *Corbeinensis* por M (antes R) y, a estos seis añade cuatro más:

S= codex Laurentianus 33 s. X (*Ashburnhamiensis*) ya mencionado por Du Pontet pero no considerado.

L= codex musei Britannici Add. 10084 (*Lovaniensis*)

V= codex Vindobonensis 95 s. XII

R= codex Riccardianus 541 ss. XI, XII

En su prefacio no nos ofrece un *stemma codicum* gráfico pero sí explica las relaciones de dependencia de los manuscritos que maneja de modo que el stemma quedaría así:

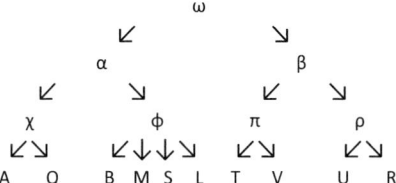

```
                    ω
              ↙           ↘
              α           β
          ↙      ↘      ↙      ↘
          χ      φ      π      ρ
        ↙↘    ↙↓↓↘   ↙↘    ↙↘
        A  Q   B M S L   T  V   U  R
```

Dado el arquetipo ω, éste se subdivide en dos grandes clases (al igual que Du Pontet) α y β. La clase α se subdivide en dos familias χ y φ cuyos testimonios no poseemos pero que podemos reconstruir a partir de sus descendientes, que sí conservamos. De χ dependen A y Q; de φ B, M, S y L. La clase β tiene también dos familias cuyos testimonios no conservamos π y ρ. De π dependen T y V. De ρ U y R.

Siguiendo a Meusel, Schneider y Kuebler, le da el valor que le corresponde a la familia β, utilizando para su edición los testimonios de cualquiera de las dos grandes clases α o β, como harán el resto de los críticos también.

El aparato crítico que presenta Klotz es bastante más exhaustivo que el de Du Pontet. Se trata de un aparato crítico complexivo y, en general, positivo, es decir, en él aparece la lectura que elige seguida de los mss. en los que aparece y, a continuación, presenta las variantes y sus manuscritos. Sin embargo, esto no se lleva a cabo de forma totalmente sistemática. Podría deberse a descuidos a la hora de editar y revisar el texto o a que esa lectura no está en ningún manuscrito sino que se trata de una corrección del propio editor. Veamos un par de ejemplos:

En I- 1- 12 (página 1) elige como lectura *Helvetii* pero en el aparato crítico no indica la procedencia sino que muestra las variantes directamente.

En I- 9- 1 (página 7) ocurre lo mismo. Escoge como lectura *matrimonium* pero en el aparato crítico no la refleja sino que nos da la lectura alternativa de un ms. concreto.

c)  La edición de Constans:

Añade una novedad importante con respecto a las dos anteriores: la descripción de la historia del texto, fundamental hoy en día a la hora de establecer el texto crítico. Al igual que Du Pontet y Klotz, distingue dos grandes clases de manuscritos: α y β. Los manuscritos más antiguos son del s. IX y pertenecen a la clase α que es, a la vez, la más numerosa. Por esta razón, los copistas de los ss. XIV y XV se fijaron en ellos para establecer nuevos ejemplares de *Bellum Gallicum*.

Interesante resulta saber que en los manuscritos más recientes la distinción entre las dos clases se va perdiendo debido a un proceso de contaminación horizontal puesto que la mayoría de los mss. del s. XV se establecen a partir de un ms. α revisado sobre uno β, recibiendo además las correcciones de los humanistas.

Otro dato interesante que aporta esta edición es el intento de datación del momento en que los mss. de las clases α y β se alejan del arquetipo común. La datación aproximada de α la sitúa en la primera mitad del s. VI basándose en las referencias que dan los manuscritos de esta clase a dos revisores del texto, uno de los cuales nos es conocido, y al hecho de que en la época de Orosio (s. V), que cita el texto en su obra, aún no se había producido por completo la escisión.

Plantea que la separación entre α y β se produjo de forma paulatina, en etapas. A través del estudio de las variantes de ambas clases establece, además, las características del arquetipo común (X) pero aún va más allá, pues ve indicios de la existencia de un cierto manuscrito Y del que derivaría X, algunas de cuyas lecturas habrían llegado a la clase β por otra vía distinta de la que conduce de Y a X.

Su propuesta de stemma es la siguiente:

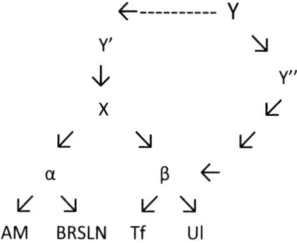

Para su edición considera los mismos manuscritos que había utilizado Klotz añadiendo uno más a la segunda familia de la clase α:

N= codex Neapolitanus, Nápoles, Bibl. Nat. IV c. 11 s. XII

Por lo demás M, R, f y l serían Q, M, V y R respectivamente en la edición de Klotz.

En lo que se refiere al establecimiento del texto, aclara que para aquellos lugares en que la tradición es corrupta se sirve de algunos *recentiores*:

Codex Paris. 6106 París, Bibl. Nat. lat. (*Iadrensis*) perteneciente a la segunda familia α

Codex Laur. 68,7 Florencia Bibl. Laur. s. XI perteneciente a la segunda familia α

Codex Barberini 148 Roma Bibl. Vat. s. XIV

Codex Vat. 1830 Roma, Bibl. Vat. s. XV

Codex Ottaborini 1746 Roma Bibl. Vat. s. X, copia mediocre de un ms. α

Ve necesario contrastar constantemente las tradiciones α y β puesto que ninguna de las dos es superior a la otra, como demuestra en la página xxiii y ss. Propone juzgar cada caso en sí mismo de acuerdo a tres variables: el contexto, el uso de César y el sentido crítico del editor, lo cual el proceder habitual en la crítica textual actual. Ante dos lecturas entre las que es difícil decidir escoge α porque esta clase es comprobadamente más fiel al arquetipo.

El aparato crítico de esta edición es complexivo y positivo ya que registra todas las variantes de interés que presentan los once manuscritos utilizados, rechazando aquéllas que son resultado de un error de transcripción evidente. Éste incluye además las conjeturas más interesantes. Para ello da dos razones. La primera, porque la mención de una conjetura es la forma más rápida y fácil de señalar al lector que está ante una dificultad en el texto. La segunda, porque concibe el aparato crítico como un cuadro de la vida del texto en cuestión y no simplemente como una justificación de lecturas escogidas.

d) La edición de Hering:

Al igual que Constans, Hering comienza su prefacio con una historia del texto. Sin embargo, lo más interesante del mismo es el repaso que hace de los distintos códices que hemos ido citando en las ediciones anteriores, eliminando gran parte de ellos por considerarlos *codices descripti*, llegando a quedarse básicamente con cuatro códices para elaborar su edición crítica.

De la clase α, de la familia φ mencionada por Klotz (que incluiría además en códice N de Constans) elimina M, N, S, y L quedándose sólo con B. Descarta M porque, según él, estaría transcrito de B. A su vez, N y L tendrían origen en M y los tres, además, tienen un error en común. También elimina S porque, según él, también derivaría de B salvo en dos trozos del final del *Bellum Gallicum* que dependerían de un ejemplar desconocido de la clase β. Por tanto, para su edición considera estos dos fragmentos, eliminando el resto del contenido del códice.

De la clase β, de la familia ρ elimina R (l en Constans) porque, según él, deriva de U. Por último, de la clase α, familia χ y de la clase β, familia π, considera que Q (M para Constans) es igual que A puesto que ambos tienen errores conjuntos comunes.

Lo mismo ocurriría con V (f en Constans) con respecto a T. Por tanto, las lecturas de Q y V aparecerán en el aparato crítico sólo si A y T plantean dificultades. Dicho esto, el stemma que plantea es el siguiente:

```
                      ω
            ↙                   ↘
            α                   β
        ↙      ↘            ↙      ↘
        A      B (E)        T       U
        ↓      ↙↘           ↓
      Q (¿)   M   S       V (¿)
```

El aparato crítico que presenta esta edición es complexivo, bastante amplio a pesar de contar con menos códices como base para el texto crítico que las ediciones anteriores. Se trata de un aparato negativo ya que resulta más económico mencionar solamente las variantes y los códices que proporcionan sus lecturas.

**II – Estudio de la selección de variantes que ofrece cada editor:**
Para llevar a cabo esta parte del trabajo hemos realizado una *collatio* de los textos de las cuatro ediciones que manejamos con vistas a encontrar pasajes en los mismos que ofrezcan divergencias de lecturas. Sorprendentemente, hemos encontrado bastantes aunque, eso sí, no todas tienen el mismo valor.

La primera diferencia que nos ha llamado la atención, ha sido la puntuación. Cada editor sigue su propio sistema y, aunque este no es el objeto del trabajo, pensamos que, en algunos casos, estas diferencias podrían conducir al lector a interpretaciones diversas del contenido de un mismo texto.

Otro aspecto que hemos observado es que cada editor sigue sus propias convenciones de forma sistemática a la hora de escribir latín. Sin embargo, este hecho no se menciona específicamente en ninguna parte. Pongamos dos ejemplos:
En la edición de Du Pontet hay una tendencia a preferir formas con ‹i› frente a ‹e› que sería lo esperable y es, de hecho lo que encontramos en las demás ediciones: en I- 1- 1 encontramos *in partis tris* frente a *in partes tres* o, más adelante, en I-1- 7 *Pyrenaeos montis* frente a *Pyrenaeos montes*, entre otros muchos ejemplos.
En la edición de Constans, la u consonántica aparece siempre como ‹u› frente al resto de editores que escriben ‹v› (*Heluetii* frente a *Helvetii).*

Hay un par de casos en los que hay divergencia ortográfica en los textos de Hering y Constans con respecto a los de Du Pontet y Klotz en lo que respecta a la escritura de ‹m› seguida de ‹p›. En Hering y Constans encontramos *inportant* (I-1-3) e *inpendebant* (I-6- 1) frente a lo establecido *important* e *impendebant* sin que ningún autor aclare nada en el aparato crítico.

Dicho esto, las divergencias de lecturas más importantes que hemos encontrado son básicamente ortográficas que afectan a la escritura de topónimos y antropónimos, por un lado, tienen que ver con las abreviaturas, por otro y, por último, hemos detectado algunos casos en los que la ortografía afecta directamente a la gramática, en la elección de pronombres o formas y tiempos verbales. Vamos a considerar diez en nuestro análisis, aclarando además que no siempre resulta fácil ver por qué cada editor ha escogido cada una de las variantes.

En I- 1- 2 Du Pontet lee *Garumna* donde el resto lee *Garunna*. Du Pontet no aclara nada en el aparato crítico; el resto recoge las diversas lecturas. *Garumna* es la lectura mayoritaria en los mss. de la familia α, lo cual puede justificar la elección de Du Pontet (*lectio melioris classis potior*). Sin embargo, *Garunna*, aunque no es la forma que da el diccionario aparece en toda la familia β, según sabemos por Constans y en la familia φ de la clase α, por tanto, sería la lectura más difundida (*lectio plurimum codicum potior*).

En I- 2- 3 Hering y Klotz leen *iis* frente a Constans y Du Pontet que leen *eis*. Du Pontet no aclara nada y el resto se adhiere según le parece a la conjetura de Spillman (*eis*) o de Meusel (*iis*).

En I- 3- 3 Klotz lee *ubi* donde el resto lee *sibi*. *Sibi* parece ser la lectura mayoritaria en los manuscritos (*lectio plurimum codicum potior*) y, según Constans la lectura que recoge Klotz procedente de B fue eliminada por Müller. Quizá Klotz se acogió en su momento a la regla *lectio non repetita potior*.

En I- 4- 1 Du Pontet lee *ex vinclis* donde el resto lee *ex vinculis*. Aunque Du Pontet no indica nada, por las referencias del resto parece que *ex vinclis* sería la lectura mayoritaria que dan los manuscritos de la clase α y aunque es una lectura propia de latín no clásico, esto sería de nuevo lo que justificaría la elección de Du Pontet (*Lectio melioris classis potior*). Klotz nos aclara que *vinculis* es lectura general de β y de M, de la clase α, por tanto sería la lectura más difundida, aparte de la correcta según la norma clásica.

En I- 5- 3 Constans y Du Pontet leen *praeterquam quod* donde Hering y Klotz leen *praeter quod*. Du Pontet no aclara nada al respecto y el resto coincide en que *praeterquam* es la lectura que dan los manuscritos de la clase α (*lectio melioris classis potior*). Klotz aclara que *praeter* es la lectura de B y β, por tanto la más difundida pero, además es la más breve (*lectio brevior potior*).

En I- VI- 3 Constans lee *Genua* donde Klotz, Du Pontet y Hering *Gen‹a›va*. Constans justifica que su lectura es constante en los mss. Du Pontet la da como la lectura del arquetipo (X) pero no la admite. *Genava* es una conjetura de Mommsen, como admiten todos.

En I- VII- 5 Constans lee *faciundi* donde el resto lee *faciendi*. *Faciundi* es la lectura mayoritaria en α y en β mientras que *faciendi* aparece sólo en dos mss., uno de ellos el A, que es además el más antiguo luego, en este caso, el principio *lectio antiquor potior* es el que parece haber operado en la elección mayoritaria.

En I- 9- 4 Constans y Hering leen *sese* donde el resto lee *se*. *Sese* parece ser la lectura mayoritaria en los testimonios (en la familia φ y en la clase β, según Klotz). *Se,* sin embargo, aparece en el ms. más antiguo, el A.

En I- 10- 1 encontramos *renuntiatur* en Du Pontet y Constans, *renuntia[n]tur* en Hering y *nuntiatur* en Klotz. Esta última parece ser una conjetura de un tal Lipsius. En cuanto a las otras dos variantes, el singular lo encontramos fundamentalmente en la clase α (AM, LN, según Constans) y el plural aparecería fundamentalmente en la clase β.

En el párrafo 10 leemos dos veces *eis* en Du Pontet e *his* en el resto de editores. Du Pontet no indica nada en su edición pero todos los demás editores nos muestran que *iis* (Du Pontet escribe *eis*, como vimos antes) es la lectura general de α y U, por tanto, la más prestigiosa, mientras que *his* es la mayoritaria en β. La elección de una u otra no altera el significado del texto puesto que ambos pronombres significan lo mismo.

Por último, en I- 10- 5 Hering y Klotz leen *‹oppidum› citerioris provinciae* donde Constans y Du Pontet leen *citerioris provinciae*. Parece que *oppidum* es una conjetura de R. Schneider que aclararía el sentido del pasaje.

### III-     Valoración de cada una de las ediciones:

Lo primero que queremos remarcar es que, hacer este trabajo nos ha hecho darnos cuenta de varias cosas: de cuán ardua y, en ocasiones, penosa es la tarea del editor crítico; de lo fácil que es pasar cosas por alto si no se revisa todo convenientemente y de que, una vez hecha la edición tampoco podemos estar cien por cien seguros de qué es lo que hemos obtenido con ella exactamente, ni de si hemos sido exhaustivos en la labor, vistas las diferencias entre los textos críticos examinados.

Por tanto, una edición crítica, si es algo, no es matemática pura. Es, como se dice en los manuales, a lo sumo, el texto más la historia de su transmisión. Es, en definitiva, un texto que intenta acercarse a lo que se supone fue el original manuscrito de su autor y al que se sumaría la labor intelectual de conservación de tantos expertos que han trabajado con él.

En definitiva, una edición crítica sería algo así como el resultado de un trabajo de restauración y conservación de pintura de los que se llevan a cabo en los museos, donde los cuadros más antiguos conservan no sólo las pinceladas originales de sus creadores sino, además, las de todos aquellos restauradores que se han empeñado a lo largo de la historia en que esa obra se nos conserve a las generaciones futuras, en ocasiones con fallos, en otras con acierto.

Dicho esto, valoremos las ediciones con las que hemos trabajado. Las cuatro siguen a grandes rasgos un esquema común en lo que a transmisión textual se refiere. Todas establecen un stemma bífido y hacen descender del arquetipo las dos clases que hemos visto α y β. La diferencia viene dada por los manuscritos que cada editor considera útiles para establecer el texto. Consideramos, además que cada una de las ediciones es un paso adelante en la mejora del texto con respecto a la anterior.

Du Pontet considera superior la tradición α y, por tanto, trabaja sistemáticamente con estos mss., como hemos visto al valorar los aparatos críticos. Está influido por las ideas de Lachmann y su trabajo es bastante mecanicista. Parece como si considerando sólo las variantes que pueden plantear problemas de interpretación pretendiera ahorrarle el máximo de trabajo al lector, lo cual está muy bien.

Klotz supone un paso más en la tarea crítica. Toma en consideración más manuscritos para establecer el texto e, influido por Meusel, le concede todo el valor que les corresponde a los mss. de la clase β. La selección de variantes que presenta su texto es muy completa, ayudando al lector a hacerse una idea de en cuántos puntos hay discrepancia entre todas las tradiciones de mss. conservadas.

La edición de Constans, al ser bilingüe, es accesible no sólo al experto sino también al público que sepa francés. Las consideraciones que hace sobre la historia del texto resultan muy interesantes y aclaratorias. Con todo, lo que nos parece más importante es que en el prefacio ofrece un sencillo método para trabajar en crítica textual alejado del mecanicismo rígido y abriendo paso al uso del sentido común y del talento del editor sin dejar de lado aspectos más objetivos (el contexto y el uso del autor en cuestión).

Por último, la edición de Hering va en la línea de la de Constans pero siendo aún más preciso que todos los anteriores en cuanto a la elección exacta de los mss. idóneos. El aparato crítico que ofrece es además muy amplio y detallado.

**IV- Bibliografía:**

**Fuentes primarias:**

CONSTANS, L.A. (1972), *César Guerre des Gaules*, Les belles lettres, Paris.

HERING, W. (1987), *C.Ivlii Caesaris Commentarii Rerum Gestarum, vol. I Bellum Gallicum*, Teubner Verlagsgesellschaft, Leipzig.

KLOTZ, A. (1927), *C. Iuli Caesaris Commentarii*, Teubner, Leipzig.

DU PONTET, R. (1901), *C. Iuli Caesaris Commentariorum pars prior qua continentur libri VII de Bello Gallico*, O.U.P., Oxford.


**Fuentes secundarias:**

BERNABÉ, A. (1992), *Manual de crítica textual y edición de textos griegos*, ediciones clásicas, Madrid.

BLECUA, A. (1990), *Manual de crítica textual*, Castalia, Madrid.

MAAS, P. (1957), *Textual criticism*, vers. ingl., O.U.P., Oxford.

MOROCHO GAYO, G (2003), *Estudios de crítica textual (1979-1986)*, Universidad de Murcia, Murcia.

REYNOLDS, L.D. et alt. (1986), *Copistas y filólogos*, trad. esp., Gredos, Madrid.